www.ingramcontent.com/pod-product-compliance
Lightning Source LLC
LaVergne TN
LVHW010810051026
849532LV00007B/2496
* 9 7 8 9 3 6 9 0 8 0 0 0 7 *

گیت گاتا چل

(مزاحیہ فلمی نغمے)

(۱۹۷۰ء تا ۱۹۹۰ء کی دہائی)

مرتبہ:

مکرم نیاز

Geet gaata chal : Funny film songs - Part-2
by: Mukarram Niyaz
Edition: August '2025
Publisher :
Taemeer Publications LLC (Michigan, USA / Hyderabad, India)

ISBN 978-93-6908-000-7

کتاب	:	**گیت گاتا چل** (مزاحیہ فلمی نغمے / حصہ: ۲)
مرتب	:	**مکرم نیاز**
صنف	:	شاعری
ناشر	:	تعمیر پبلی کیشنز (حیدرآباد، انڈیا)
سالِ اشاعت	:	۲۰۲۵ء
صفحات	:	۱۳۴
سرورق ڈیزائن	:	تعمیر ویب ڈیزائن

تعارف

بالی ووڈ سینما کی ایک انفرادیت اس کے نغمے، گیت اور موسیقی بھی ہیں۔ مغل اعظم، پاکیزہ اور امراؤ جان سے لے کر 'دل تو پاگل ہے' تک کی فلموں نے اردو شاعری کا لوہا منوایا ہے۔ ۱۹۶۰ کی دہائی کے جوبلی کمار (راجندر کمار) اپنی اداکاری سے زیادہ اپنی فلموں کے گانوں کے سہارے مقبول ہوئے اسی طرح ۷۰ کی دہائی کے سپر اسٹار راجیش کھنہ بھی!

ان مشہور و مقبول فلمی نغموں کے آڈیو / ویڈیو آج سائبر دنیا میں جہاں دستیاب ہیں وہیں بصورت تحریر دیوناگری اور رومن رسم الخط میں مختلف ویب سائٹس پر بھی موجود ہیں۔ اردو رسم خط میں اس کمی کا خیال کرتے ہوئے، 'تعمیر نیوز' کی جانب سے بالی ووڈ فلمی نغموں کے لیے ایک بلاگ مختص کیا گیا جہاں تقریباً ۷۰۰ سے زائد نغموں کو اردو نستعلیق تحریر کی شکل میں پیش کرنے کی سعی کی گئی۔ انہی نغموں کو کتابی شکل میں بھی 'تعمیر پبلی کیشنز' کی جانب سے پیش کیا جا رہا ہے۔

۱۴ر اگست ۲۰۲۵ء ، حیدر آباد، تلنگانہ، انڈیا۔

مزاحیہ

(سال : نغموں کی تعداد)

۱۹۷۰ : ۱۹

۱۹۸۰ : ۱۱

۱۹۹۰ : ۱۴

۱۹۷۰ - گانا نمبر : ۰۱

نغمہ : اور وقت کی ہیرا پھیری ہے

فلم : ہیرا پھیری (۱۹۷۶ء)

نغمہ نگار : انجان

گلوکار : مہندر کپور، کشور کمار

موسیقار : کلیان جی آنند جی

اداکار : ایمتابھ بچن، ونود کھنہ، سائرہ بانو، سلکھشنا پنڈت

کل تک رب کو بھولا تھا

اب نام لگا ہے رٹنے

جب مال لگا ہے گھٹنے

لگا کلیجہ پھٹنے

تو خیرات لگی ہے بٹنے

پر چنتا کی کوئی بات نہیں

ہم ہیں تیرے ساتھ بالکل

ارے پہنچا دیں گے اس کے کانوں تک
ہم یہ تیری بات ، کیونکہ
دربار میں اوپر والے کے
اندھیر نہیں پر دیری ہے
تقدیر کا سارا کھیل ہے یہ
اور وقت کی ہیرا پھیری ہے
تجھے جتنا پیار ہے دولت سے
اتنا تو اگر داتا سے کرے
تو ہر مشکل ہر غم پیارے
رہے تجھ سے ہمیشہ پرے
تو چھوڑ دے دولت کا چکر
یہ تیری ہے نہ میری ہے
میری ہے تیری ہے
میری ہے جی میری ہے
تیری ہے نہ میری ہے
سونا چاندی ہیرے موتی

رہ جائیں گے دھرے تجوری میں
اسے خبر ہے تو نے کیا رکھا
گودام کی ہر اک بوری میں
یہ مایا ساتھ نہ جائے گی
یہ مایا پاپ کی ڈھیری ہے
تقدیر کا سارا کھیل ہے یہ
اور وقت کی ہیرا پھیری ہے
تو لالچ نہ کر زیادہ کا
خود کھا اوروں کو کھانے دے
جتنا آتا ہے آنے دے
جتنا جاتا ہے جانے دے
تو جانے دے تو آنے دے
سنتوں کی باتیں مان بھی لے
اس میں ہی بھلائی تیری ہے
معلوم اسے بندہ کی ذات
تیرے کالے دھندے کی بات

تیرے دو ہیں، اس کے لاکھ ہاتھ
اس کے آگے تیری کیا بساط
وہ چاہے تو کر سکتا ہے
تیری رات کو دن اور دن کو رات
تو ڈال وہ پات پات
لگتا ہے دور ہے ساتھ ساتھ
تو سیر سمجھتا ہے خود کو
اوپر والا پنسیری ہے
یہ وقت کی ہیرا پھیری ہے

***

گانا نمبر : ۰۲

نغمہ : کان میں جھمکا، چال میں ٹھمکا، کمر پہ چوٹی لٹکے

فلم : ساون بھادوں (۱۹۷۰ء)

نغمہ نگار : ورما ملک

گلوکار : محمد رفیع

موسیقار : ورما ملک

اداکار : ریکھا، نوین نشچل

اے ہائے۔۔۔ کان میں جھمکا
چال میں ٹھمکا، کمر پہ چوٹی لٹکے
ہو گیا دل کا پرزہ پرزہ، لگے پچاسی جھٹکے
ہو تیرا رنگ ہے نشیلا، انگ انگ ہے نشیلا
نشے میں پلکیں تنی تنی، جان پہ میری بنی بنی
چڑھتی جوانی تیری، کیسے سنبھالے تو
حسن تیرا متوالا ہے، اری کس کے لیے سنبھالا ہے
بنوں رکھوالا، کر دے میرے حوالے تو

تیری یہ جوانی البیلی، یہ پہیلی ہے اکیلی
مجھے ساتھی بنا لے ہاں
ان زلفوں میں الجھ الجھ کے، کئی مسافر بھٹکے
ہو گیا دل کا پرزہ پرزہ، لگے پچاسی جھٹکے
ہو تیرا رنگ ہے نشیلا، انگ انگ ہے نشیلا
تیری مانگ میں، جو میں سیندور بھر دوں
تو ہر رات کو چاندنی رات کر دوں
تجھے کھینچ کر اپنے دل سے لگا لوں
زمیں پر تجھے میں خدا سے ملا دوں
ایسی کروں گا میں دیوانی مستانی او جانی
ذرا نظریں ملا لے سمجھی
ارمانوں کے کھلے دریچے، آ جا ذرا سمٹ کے
ہو گیا دل کا پرزہ پرزہ، لگے پچاسی جھٹکے
ہو تیرا رنگ ہے نشیلا، انگ انگ ہے نشیلا
بول کہوں میں کھرے کھرے، جاتی ہے کیوں پرے پرے
میری زندگی میں آ جا، پیار کو بسا دوں میں

پاس اگر تو آ جائے، سانس سانس ٹکرا جائے
دل کیوں دھڑکتا ہے، تجھ کو دکھا دوں میں
تیر پہ تیر چلا کے، مسکرا کے، شرما کے، مجھے پاس بلا لے
وہیں پہ میلے لگ جائیں، تو دیکھے جہاں پلٹ کے
ہو گیا دل کا پرزہ پرزہ، لگے پچاسی جھٹکے
ہو تیرا رنگ ہے نشیلا، انگ انگ ہے نشیلا
کان میں جھمکا، چال میں ٹھمکا، کمر پہ چوٹی لٹکے

***

گانا نمبر : ۰۳

نغمہ : جاتے ہو جانِ جاناں، آخری سلام لیتے جانا

فلم : پرورش (۱۹۷۷ء)

نغمہ نگار : مجروح سلطان پوری

گلوکار : آرتی مکرجی، امیت کمار، آشا بھونسلے، شیلندر سنگھ

موسیقار : لکشمی کانت پیارے لال

اداکار : شمی کپور، ایتابھ بچن، ونود کھنہ، نیتو سنگھ، شبانہ اعظمی

اجی ٹھہرو، ذرا دیکھو، کچھ سوچو ذرا سمجھو
او ہم تو مر جائیں گے لے کے تیرا نام
ٹوٹ گیا جب دل تو جینے سے کیا کام
ہم تو چلے، جو کہا سنا ہو معاف کر دینا
او جاتے ہو جانِ جاناں، آخری سلام لیتے جانا
ہم کو وہاں نہ بلانا، آخری سلام لیتے جانا
جاتے ہو جانِ جاناں ---
پیار نہ جانے پاپی دنیا، تو آ چل کر یارا

ریل کی پٹری پر سو جائیں، مل جائے چھٹکارا

جلدی کر میری جان تو

اجی سنیے ذرا سنیے، ایسے نہ نہ مت بنیے

او ہم تو کٹ جائیں گے اب گاڑی کے نیچے

وہ آنے والی ہے دو گھنٹے کے پیچھے

ایسا ہے تو ہاتھ لگا کر ہم کو اٹھانا

تو لیٹے رہیے موسم ہے سہانا

آخری سلام لیتے جانا

جاتے ہو جانِ جاناں، آخری سلام لیتے جانا

جاتے ہو جانِ جاناں ---

پیار ہمارا سچ ہے کتنا دکھلا دیں ہم دونوں

تیل چھڑک کر آگ لگا لیں جل جائیں ہم دونوں

جلدی کر میری جان تو

اجی دو پل رک جانا کہ ہنسے گا یہ زمانہ

او ہم نے تو کر لی ہے جلنے کی تیاری

ڈبے میں پانی تھا تیل نہیں تھا پیاری

ماچس میں بھی آگ نہیں ہے کیسا زمانہ

تو لائٹر سے کام چلانا، آخری سلام لیتے جانا

جاتے ہو جانِ جاناں، آخری سلام لیتے جانا

جاتے ہو جانِ جاناں ---

ادھر آؤ بتلائیں ہم جانِ من

تمہیں جان دینے کے لاکھوں جتن

ہمیں شوق مرنے کا کب ہے صنم

بس اک بار کہہ دو تمہارے ہیں ہم

ہم ان کے نہیں جن کی عادت بری

مگر اب تو چوری سے توبہ میری

ایسا ہے تو پھر جانِ جاناں پیار کا سلام لیتے جانا

ہم کو بھی یار نہ بھلانا یار کا سلام لیتے جانا

ایسا ہے تو پھر جانِ جاناں پیار کا سلام لیتے جانا

***

گانا نمبر: ۰۴

نغمہ : کوئی شہری بابو

فلم : لوفر (۱۹۷۳ء)

نغمہ نگار : آنند بخشی

گلوکار : آشا بھونسلے

موسیقار : لکشمی کانت پیارے لال

اداکار : دھریندر، ممتاز

کوئی شہری بابو
دل لہری بابو ہائے رے
پگ باندھ گیا گھنگھرو
میں چھم چھم نچ دی پھراں
میں تو چلوں ہولے ہولے
پھر بھی من ڈولے
ہائے وے، میرے ربا میں کی کراں
میں چھم چھم نچ دی پھراں
پنگھٹ پہ میں کم جانے لگی

نٹ کھٹ سے میں شرمانے لگی
دھڑکن سے میں گھبرانے لگی
درپن سے میں کترانے لگی
من کھائے ہچکولے
ایسے جیسے نیا ڈولے
ہائے وے، میرے ربا میں کی کراں
میں چھم چھم نچ دی پھراں
سپنوں میں چوری سے آنے لگا
راتوں کی نندیا چرانے لگا
نینوں کی ڈولی بٹھا کے مجھے
لے کے بہت دور جانے لگا
میرے گھنگھٹا کو کھولے
میٹھے میٹھے بول بولے
ہائے وے، میرے ربا میں کی کراں
میں چھم چھم نچ دی پھراں

***

گانا نمبر : ۰۵

نغمہ : سال مبارک صاحب جی

فلم : دو جاسوس (۱۹۷۵ء)

نغمہ نگار : حسرت جے پوری، رویندر جین

گلوکار : رفیع، مکیش

موسیقار : رویندر جین

اداکار : راج کپور، راجندر کمار

سال مبارک صاحب جی
لو لو آج پیو ہنس کے
دو گھونٹ سوم رس کے
کہ سال بھر اس کا نشہ رہے گا
جو آج پیے پتا سدا رہے گا
سال مبارک صاحب جی
اپنے چہرے سے پردہ ہٹاؤ
روشنی سے نگاہیں ملاؤ

چاند کی دوریاں طے ہوئی ہیں

ایک دوجے کے نزدیک آؤ

سال مبارک پاپا جی، سال مبارک کاکا جی

اور جو آج ہنسے، ہنسے جو آج ہنسے، ہنستا سدا رہے گا

سال مبارک صاحب جی

بھول کر اپنے غم کی کہانی

سب میں مل جاؤ جیسے کہ پانی

او چار دن کی ہے یہ زندگانی

اس میں بھر لو، ارے بھر لو جوانی

جو آج ملے، ملتا سدا رہے گا

سال مبارک صاحب جی

ہم سے واقف ہے سارا زمانہ

نام کیا ہے کسی نے نہ جانا

کام لوگوں کے بگڑے بنانا

یارو دھندا ہے اپنا پرانا

کام بتانا صاحب جی، بھول نہ جانا صاحب جی

لو لو آج پیو

اور جو آج گائے، گاتا سدا رہے گا

سال مبارک صاحب جی

***

گانا نمبر : ۰۶

نغمہ : ٹھنڈے ٹھنڈے پانی سے نہانا چاہیے

فلم : پتی پتنی اور وہ (۱۹۷۸ء)

نغمہ نگار : آنند بخشی

گلوکار : مہندر کپور، آشا بھونسلے

موسیقار : رویندر جین

اداکار : سنجیو کمار، ودیا سنہا، رنجیتا

ٹھنڈے ٹھنڈے پانی سے نہانا چاہیے
گانا آئے یا نہ آئے گانا چاہیے
او پترا
ٹھنڈے ٹھنڈے پانی سے۔۔۔
بیٹا بجاؤ تالی، گاتے ہیں ہم قوالی
بجنے دو ایک تارہ، چھوڑو ذرا فوارہ
یہ بالٹی اٹھاؤ، ڈھولک اس سے بناؤ
بیٹھے ہو کیا یہ لے کر، یہ گھر ہے یا ہے تھیٹر

پکچر نہیں ہے جانا، باہر نہیں ہے آنا

ممی کو بھی اندر بلانا چاہیے

تیری، ممی کو بھی اندر بلانا چاہیے

گانا آئے یا نہ آئے گانا چاہیے

دھت، ارے گانا آئے یا نہ آئے گانا چاہیے

تم میری ہتھکڑی ہو، تم دور کیوں کھڑی ہو

تم بھی ذرا نہا لو، دو چار گیت گا لو

دامن ہو کیوں بچاتی، ارے دکھ سکھ کے ہم ہیں ساتھی

چھوڑو ہٹو اناڑی، میری بھگوڑی ساڑی

تم کیسے بے شرم ہو، بچوں سے کوئی کم ہو

ممی کو تو لڑنے کا بہانا چاہیے

چپ بے شیطان

ممی کو تو لڑنے کا بہانا چاہیے

گانا آئے یا نہ۔۔۔

لمبی یہ تان چھوڑو، توبہ ہے جان چھوڑو

یہ گیت ہے ادھورا، کرتے ہیں کام پورا

اب شور مت کرو جی، سنتے ہیں سب پڑوسی

ہے کہہ دو پڑوسیوں سے

کیا؟

جھانکیں نہ کھڑکیوں سے

دروازہ کھٹکھٹایا، لگتا ہے کوئی آیا

ارے کہہ دو کہ آ رہے ہیں، صاحب نہا رہے ہیں

ممی کو تو ڈیڈی سے چھڑانا چاہیے

اب تو ممی کو ڈیڈی سے چھڑانا چاہیے

گانا آئے یا نہ---

***

گانا نمبر : ۰۷

نغمہ : ہم بولے گا تو بولو گے کہ بولتا ہے

فلم : کسوٹی (۱۹۷۴ء)

نغمہ نگار : ورما ملک

گلوکار : کشور کمار

موسیقار : کلیان جی آنند جی

اداکار : ہیما مالینی، امیتابھ بچن، پران

ہم بولے گا تو بولو گے کہ بولتا ہے

ایک میم صاب ہے، ساتھ میں صاب بھی ہے

میم صاب سندر سندر ہے، صاب بھی خوبصورت ہے

دونوں پاس پاس ہیں، باتیں خاص خاص ہیں

دنیا چاہے کچھ بھی بولے، بولے

ہم کچھ نہیں بولے گا

ہم بولے گا تو ---

ہمارا اک پڑوسی ہے، نام جس کا جوشی ہے

وہ پاس ہمرے آتا ہے، اور ہم کو یہ سمجھاتا ہے
جب دو جواں دل مل جائیں گے، تب کچھ نہ کچھ تو ہوگا
جب دو بادل ٹکرائیں گے، تب کچھ نہ کچھ تو ہوگا
دو سے چار ہو سکتے ہیں، چار سے آٹھ ہو سکتے ہیں
آٹھ سے ساٹھ ہو سکتے ہیں
جو کرتا ہے پاتا ہے، ارے اپنے باپ کا کیا جاتا ہے
جو شی پڑوسی کچھ بھی بولے، بولے
ہم تو کچھ نہیں بولے گا
ہم بولے گا تو ---
میری بڑھیا نانی تھی، لیکن وہ بڑی سیانی تھی
گودی میں مجھے بٹھاتی تھی اور سچی بات سناتی تھی
جب سال سترہواں لگے گا، دل دھڑک دھڑک تو کرے گا
کسی سندری سے نینوا لڑے گا، دل کھسر پسر بھی کریگا
جب آگ سے گھی ملے گا، پھر تو وہ بھی گھی پگھلے گا
پگھلے گا جی بگھلے گا
نہ آگ سے نہ گھی سے، ہم کو کیا کسی سے

نانی چاہے کچھ بھی بولے، بولے
ہم کچھ نہیں بولے گا
ہم بولے گا تو ــ

***

گانا نمبر : ۰۸

نغمہ : یہ جو پبلک ہے سب جانتی ہے

فلم : روٹی (۱۹۷۴ء)

نغمہ نگار : آنند بخشی

گلوکار : کشور کمار

موسیقار : لکشمی کانت پیارے لال

اداکار : ایتابھ بچن، زینت امان، امجد خان، راکھی

اے بابو یہ پبلک ہے پبلک
یہ جو پبلک ہے سب جانتی ہے، پبلک ہے--
اجی اندر کیا ہے، اجی باہر کیا ہے
یہ سب کچھ پہچانتی ہے، پبلک ہے--
یہ چاہے تو سر پہ بٹھا لے، چاہے پھینک دے نیچے
پہلے یہ پیچھے بھاگے، پھر بھاگو اسکے پیچھے
ارے دل ٹوٹے تو، ارے یہ روٹھے تو
توبہ کہاں پھر مانتی ہے، یہ جو پبلک ہے--

کیا نیتا، کیا ابھی-نیتا، دے جنتا کو جو دھوکا
پل میں شہرت اڑ جائے، جیوں ایک پَوَن کا جھونکا
ارے زور نہ کرنا، ارے شور نہ کرنا
اپنے شہر میں شانتی ہے، یہ جو پبلک ہیں---
ہیرے موتی تم نے چھپائے، کچھ ہم لوگ نہ بولے
اب آٹا چاول بھی چھپا تو، بھوکوں نے منہ کھولے
ارے بھیک نہ مانگے، ارے قرض نہ مانگے
یہ اپنا حق مانگتی ہے، یہ جو پبلک ہے---

***

گانا نمبر : ۰۹

نغمہ : جھوٹ بولے کوا کاٹے، کالے کوے سے ڈریو

فلم : بابی (۱۹۷۳ء)

نغمہ نگار : آنند بخشی

گلوکار : شیلندر سنگھ ، لتا منگیشکر

موسیقار : لکشمی کانت پیارے لال

اداکار : رشی کپور، ڈمپل کپاڈیہ

جھوٹ بولے کوا کاٹے، کالے کوے سے ڈریو
میں میکے چلی جاؤں گی، تم دیکھتے رہیو
تو میکے چلی جائے گی
میں ڈنڈا لے کر آؤں گا
تو ڈنڈا لے کر آئے گا
میں کنویں میں گر جاؤں گی
میں رسی سے کھنچواؤں گا
میں پیڑ پہ چڑھ جاؤں گی
میں آری سے کٹواؤں گا

پیار کرے آری چلوائے، ایسے عاشق سے ڈریو
میں میکے چلی جاؤں گی---
تو میکے چلی جائے گی
میں دوجا بیاہ رچاؤں گا
تو دوجا بیاہ رچائے گا
ہائے میری سوتن لائے گا
میں میکے نہیں جاؤں گی، میں میکے نہیں جاؤں گی
ارے تیرے صدقے جاؤں گی رے، میکے نہیں جاؤں گی
میں ساتوں وچن نبھاؤں گی، ارے میکے نہیں جاؤں گی
میں میکے نہیں جاؤں گی---
جھوٹ بولے کوا کاٹے، کالے کوے سے ڈریو
میں تیری سوتن لاؤں گا، تم دیکھتی رہیو
جھوٹ بولے کوا کاٹے، کالے کوئے سے ڈریو
میں میکے نہیں جاؤں گی، تم دیکھتے رہیو

***

گانا نمبر : ۱۰

نغمہ : غم کا فسانہ بن گیا اچھا

فلم : منچلی (۱۹۷۳ء)

نغمہ نگار : آنند بخشی

گلوکار : کشور کمار، لینا چنداورکر

موسیقار : لکشمی کانت پیارے لال

اداکار : سنجیو کمار، لینا چنداورکر

غم کا فسانہ بن گیا اچھا
ایک بہانہ بن گیا اچھا
سرکار نے آ کے میرا حال تو پوچھا
غم کا فسانہ ---
تمہارے خیالوں میں کھو جائیں
یہ جی چاہتا ہے کہ سو جائیں
دیکھو باتوں میں چاندنی راتوں میں
خواب سہانا بن گیا اچھا

بتائیں تمہیں کیا کہاں درد ہے

یہاں ہاتھ رکھنا یہاں درد ہے

دیکھو باتوں باتوں میں دو ہی ملاقاتوں میں

دل یہ نشانہ بن گیا اچھا

محبت کی رنگین محفل میں

جگہ مل گئی آپ کے دل میں

دیکھو باتوں باتوں میں پیار کی براتوں میں

اپنا ٹھکانہ بن گیا اچھا

***

گانا نمبر : ۱۱

نغمہ : میں بیراگی ناچوں گاؤں

فلم : بیراگ (۱۹۷۹ء)

نغمہ نگار : آنند بخشی

گلوکار : لتا منگیشکر، محمد رفیع

موسیقار : کلیان جی آنند جی

اداکار : دلیپ کمار، سائرہ بانو۔ لینا چنداورکر

سنو رے سنو ایک بات سناؤں
جھوٹ ہے یا سچ ہے یہ تم جانو
میں بیراگی ناچوں گاؤں
سنو رے سنو ایک بات سناؤں
جھوٹ ہے یا سچ ہے یہ تم جانو
میں بیراگن ناچوں گاؤں
و دیکھو ان بے دردوں کو چھوڑ کے لاج کے پردوں کو
گلی گلی میں عورتیں چھیڑتی پھرتی ہیں ان مردوں کو

آپ نے سچ فرمایا ہے سچا شور مچایا ہے
مردوں کے دن بیت گئے عورت کا زمانہ آیا ہے
میں نہ مانوں، تم نہ مانو
میں کیا جانوں، تم کیا جانو
میں تو سب کا دل بہلاؤں، میں بیراگی
لکھنے والا لکھتا ہے اک ایسا چشمہ بکتا ہے
جس چشمے کے اندر سے بھئی اندھوں کو بھی دکھتا ہے
جگ میں ایسے بندے ہیں بندوں کے ایسے دھندے ہیں
کیا کرنا ہے دیکھ کے جگ کو اچھے ہیں جو اندھے ہیں
تو انجانا، تو انجانی
تو دیوانہ، تو دیوانی
دیوانے کو کیا سمجھاؤں، میں بیراگن
وہ رات کو جب دن ڈھلتا ہے پریم کا جادو چلتا ہے
تو بیراگی کیا جانے کاہے کو پتنگا جلتا ہے
کہہ دو اس پنہاری سے پوچھ لے دنیا ساری سے
جلے پتنگا لیکن کھیلیں بیراگی چنگاری سے

کھیل کے دیکھو، چھیڑ کے دیکھو
چھیڑ کے دیکھو، کھیل کے دیکھو
میں جو بولوں کر دکھلاؤں، میں بیراگی ---

***

گانا نمبر : ۱۲

نغمہ : لے جائیں گے، لے جائیں گے، دل والے دلہنیا لے جائیں گے

فلم : چور مچائے شور (۱۹۷۴ء)

نغمہ نگار : راج کوی اندرجیت سنگھ تلسی

گلوکار : کشور کمار، آشا بھونسلے

موسیقار : رویندر جین

اداکار : ششی کپور، ممتاز

لے جائیں گے، لے جائیں گے

دل والے دلہنیا لے جائیں گے

ارے، رہ جائیں گے، رہ جائیں گے

پیسے والے دیکھتے رہ جائیں گے

لے جائیں گے، لے جائیں گے

تم ہو کلی تو گلاب ہم ہیں

ہو گلاب ہم ہیں

ہونٹوں سے لگا لو تو شراب ہم ہیں
ہو شراب ہم ہیں
کہتے ہیں لوگ کہ خراب ہم ہیں
تیری ہر بات کا جواب ہم ہیں
لاجواب ہم ہیں
اپنے دو ہاتھوں سے
کمایا ہوا کھانے والے
حق نہ پرایا کبھی کھائیں گے
سسر جی، لے جائیں گے
تیری سوں، مچھریا لے جائیں گے
میں بھی تیرے ساتھ ہوں، دل بھی تیرے ساتھ
سجنا دل بھی تیرے ساتھ
چاہے جب آجا چندا لے کے بارات
آ جا چندا لے کے بارات
میرے پاس کوٹھی ہے نہ کار سجنی
کڑکا ہے تیرا دل دار سجنی

دل دار سجنی

کوٹھی بنگلہ نہ مجھے کار چاہیے

دل چاہیے دل دار چاہیے

ہاں چل پھر چھلیے سوہنے نی بلیے

دل کی ہی دنیا بسائیں گے

لے جائیں گے لے جائیں گے

تیرے باغ کی بلبل

لے جائیں گے، لے جائیں گے لے جائیں گے ---

***

گانا نمبر : ۱۳

نغمہ : او کھائی کے پان بنارس والا

فلم : ڈان (۱۹۷۸ء)

نغمہ نگار : انجان

گلوکار : کشور کمار

موسیقار : کلیان جی آنند جی

اداکار : ایتابھ بچن، زینت امان، پران

ارے بھنگ کا رنگ جمع ہو چکا چک
پھر لو پان چبائے
ارے ایسا جھٹکا لگے جیا پہ
پنر جنم ہوئی جائے
او کھائی کے پان بنارس والا
کھل جائے بند عقل کا تالا
پھر تو ایسا کرے دھمال
سیدھی کر سے سب کی چال

او چھورا گنگا کنارے والا

ارے رام دہائی، کیسے چکر میں پڑ گیا ہے ہائے
کہاں جان پھنسائی، میں تو سولی پہ چڑھ گیا ہائے
کیسا سیدھا سادا میں کیسا بھولا بھالا
جانے کون گھڑی میں پڑ گیا پڑھے لکھوں سے پالا
میٹھی چھری سے ہوا حلال
او چھورا گنگا کنارے والا

اک کنیا کنواری ہمری صورت پہ مر گئی ہائے
اک میٹھی کٹاری ہمرے دل میں اتر گئی ہائے
کیسی گوری گوری وہ تیکھی تیکھی چھوری
کرکے زورا زوری کر گئی ہمرے دل کی چوری
ملی چھوری تو ہوا نہال چھورا گنگا کنارے والا
او کھائی کے پان بنارس والا
کھل جائے بند عقل کا تالا

***

گانا نمبر : ۱۴

نغمہ : ہولی کے دن دل کھل جاتے ہیں

فلم : شعلے (۱۹۷۵ء)

نغمہ نگار : آنند بخشی

گلوکار : لتا منگیشکر، کشور کمار

موسیقار : آر ڈی برمن

اداکار : سنجیو کمار، جیہ بہادری، دھریندر، ہیما مالنی، امیتابھ بچن، امجد خان

چلو سہیلی، چلو رے ساتھی

اے پکڑو پکڑو رے اسے نہ چھوڑو

ارے بئیاں نہ توڑو

ذرا ٹھہر جا بھابھی، ارے جا رے شرابی

کیا او راجا ، گلی میں آ جا

ہولی ہولی ، بھنگ کی گولی

او نخرے والی، دوں گی میں گالی

او رامو کی سالی، ہو لی رے ہولی
ہولی کے دن دل کھل جاتے ہیں
رنگوں میں رنگ مل جاتے ہیں
گلے شکوے بھول کے دوستو
دشمن بھی گلے مل جاتے ہیں
گوری تیرے رنگ جیسا، تھوڑا سا میں رنگ بنا لوں
او تیرے گلابی گالوں سے، تھوڑا سا گلال چرا لوں
جا رے جا دیوانے تو، ہولی کے بہانے تو
چھوڑ نہ مجھے بے شرم
پوچھ لے زمانے سے، ایسے ہی بہانے سے
لیے اور دیے دل جاتے ہیں
ہولی کے دن دل کھل جاتے ہیں، رنگوں میں ---
یہی تیری مرضی ہے تو، اچھا چل لے تو خوش ہو لے
پاس آ کے چھونا نہ مجھے
چاہے مجھے دور سے بھگو لے
ہیرے کی کنی ہے تو، مٹی سے بنی ہے تو

چھونے سے ٹوٹ جائے گی

کانٹوں کے چھونے سے، پھولوں سے نازک

نازک بدن چھل جاتے ہیں

ہولی کے دن دل کھل جاتے ہیں، رنگوں میں ---

***

گانا نمبر : ۱۵

نغمہ : او منچلی کہاں چلی

فلم : منچلی (۱۹۷۳ء)

نغمہ نگار : آنند بخشی

گلوکار : کشور کمار

موسیقار : لکشمی کانت پیارے لال

اداکار : سنجیو کمار، لینا چنداورکر

او منچلی کہاں چلی
دیکھ دیکھ دیکھ مجھ سے نہ شرما
ایک ایک میں ہوں بھنورا
اور تو کلی ، او منچلی ---
ہونٹوں پہ لے کے تیرا نام
آئی ہے رنگ بھری شام
پھولوں سے چھلکے ہیں جام
بھنوروں نے دل لیے ہیں تھام

ایسے میں ہے ہے ہو اے ہے ہو
ایسے میں توڑ کے پریم کی ڈوری
او گوری ، چکوری ، تو کہاں چلی ---
دنیا سے نہیں ڈریں گے
ہم تم ملاقاتیں کریں گے
آ جا دو باتیں کریں گے
رنگیں برساتیں کریں گے
یہ سچ ہے اے ہے او او اے ہے او او
یہ سچ ہے میں ہوں اک دیوانہ
نہ جانا ، نہ مانا ، تو کہاں چلی
رُت ایسی آئی ہوئی ہے
بدلی سی چھائی ہوئی ہے
تو کیوں شرمائی ہوئی ہے
مجھ سے گھبرائی ہوئی ہے
پیار میں اے ہے او او اے ہے او او
پیار میں یار سے آنکھیں چرا کے

چھپا کے ، بچا کے، تو کہاں چلی ---
او منچلی کہاں چلی

***

گانا نمبر : ١٦

نغمہ : ارے دیوانو مجھے پہچانو میں ہوں ڈان

فلم : ڈان (۱۹۷۸ء)

نغمہ نگار : انجان

گلوکار : کشور کمار

موسیقار : کلیان جی آنند جی

اداکار : ایتابھ بچن، زینت امان، پران

ارے دیوانو مجھے پہچانو کہاں سے آیا
میں ہوں کون؟ میں ہوں کون؟
میں ہوں میں ہوں میں ہوں ڈان!
ارے تم نے جو دیکھا ہے
سوچا ہے سمجھا ہے جانا ہے
وہ میں نہیں، وہ میں نہیں
لوگوں کی نظروں نے مجھ کو
یہاں جو بھی مانا ہے

وہ میں نہیں، وہ میں نہیں
آوارہ بادل کو سودائی پاگل کو
دنیا میں سمجھا ہے کون؟
ارے دیوانو ---
ارے یاروں کا یار ہوں
یاری میں جاں لٹا دے جو
میں ہوں وہی، میں ہوں وہی
دشمن کا دشمن ہوں وہ
دشمن کے چھکے چھڑا دے جو
میں ہوں وہی، میں ہوں وہی
تم جانو نہ جانو میں نے تو جانا ہے
محفل میں کیسا ہے کون؟
ارے دیوانو ---
ارے میں نے کیا سوچا ہے
کیا خواب ہے میری آنکھوں میں
تم جانو نہ، تم جانو نہ

میں نے بھی بدلا ہے کیا
رنگ باتوں ہی باتوں میں
تم جانو نہ، تم جانو نہ
چہرے پہ چہرا ہے پردے پہ پردہ ہے
دنیا میں سمجھا ہے کون
ارے دیوانو مجھے پہچانو کہاں سے آیا
میں ہوں کون؟ میں ہوں کون؟
میں ہوں میں ہوں میں ہوں ڈان!

***

گانا نمبر : ۱۷

نغمہ : جھوم برابر جھوم شرابی

فلم : ۵ رائفلز (۱۹۷۴ء)

نغمہ نگار : نازاں شولاپوری

گلوکار : عزیز نازاں

موسیقار : عزیز نازاں

اداکار : آئی۔ ایس۔ جوہر

نہ حرم میں، نہ سکوں ملتا ہے بت خانے میں
چین ملتا ہے تو ساقی تیرے میخانے میں
جھوم جھوم جھوم
جھوم برابر جھوم شرابی، جھوم برابر جھوم
کالی گھٹا ہے، مست فضا ہے ---
کالی گھٹا ہے، مست فضا ہے، جام اٹھا کر گھوم گھوم
جھوم برابر جھوم شرابی ---
آج انگور کی بیٹی سے محبت کر لے

شیخ صاحب کی نصیحت سے بغاوت کر لے

اس کی بیٹی نے اٹھا رکھی ہے سر پر دنیا

یہ تو اچھا ہوا کہ انگور کو بیٹا نہ ہوا

کم سے کم صورتِ ساقی کا نظارہ کر لے

آ کے میخانے میں جینے کا سہارا کر لے

آنکھ ملتے ہی جوانی کا مزہ آئے گا

تجھ کو انگور کے پانی کا مزہ آئے گا

ہر نظر اپنی بصدِ شوق گلابی کر دے

اتنی پی لے کہ زمانے کو شرابی کر دے

جام جب سامنے آئے تو مکرنا کیسا

بات جب پینے کی آ جائے تو ڈرنا کیسا

دھوم مچی ہے --- آ آ آ --- میخانے میں

دھوم مچی ہے میخانے میں

تو بھی مچا لے دھوم دھوم دھوم

اس کے پینے سے طبیعت میں روانی آئے

اس کو بوڑھا بھی جو پی لے تو جوانی آئے

پینے والے تجھے آ جائے گا پینے کا مزہ
اس کے ہر گھونٹ میں پوشیدہ ہے جینے کا مزہ
بات تو جب ہے کہ تو مئے کا پرستار بنے
تو نظر ڈال دے جس پر وہی مئے خوار بنے
موسمِ گل میں تو پینے کا مزہ آتا ہے
پینے والوں کو ہی جینے کا مزہ آتا ہے
جام اٹھا لے --- آ آ آ --- منہ سے لگا لے --- آ آ آ
جام اٹھا لے، منہ سے لگا لے
منہ سے لگا کر چوم چوم چوم
جھوم برابر جھوم شرابی ---
جو بھی آتا ہے یہاں پی کے مچل جاتا ہے
جب نظر ساقی کی پڑتی ہے سنبھل جاتا ہے
آ ادھر جھوم کے ساقی کا لے کے نام اٹھا
دیکھ وہ ابر اٹھا، تو بھی ذرا جام اٹھا
اس قدر پی لے کہ رگ رگ میں سرور آ جائے
کثرتِ مے سے تیرے چہرے پہ نور آ جائے

اس کے ہر قطرے میں نازاں ہیں نہاں دریادلی
اس کے پینے سے پتا ہوتی ہے کہ زندہ دلی
شان سے پی لے، آ آ آ --- شان سے جی لے --- آ آ آ
شان سے پی لے، شان سے جی لے
گھوم نشے میں گھوم گھوم گھوم
جھوم برابر جھوم شرابی ---
جھوم برابر جھوم -----

***

گانا نمبر : ۱۸

نغمہ : بمبئی سے آیا میرا دوست

فلم : آپ کی خاطر (۱۹۷۷ء)

نغمہ نگار : شیلی شیلندر

گلوکار : بپی لہری

موسیقار : بپی لہری

اداکار : ونود کھنہ، ریکھا

میٹھی ہے موسمبی تو کڑوا ہے کریلا
معشوق تیرے اندر تو ہک تو ہک تو باہر کھڑیلا
جا جا جوانی کب سے ہک کب سے ہک کب سے بلا رہی ہے
بڈھی کے چکر میں تو کائیکو ہک کائیکو ہک کائیکو پڑیلا
بمبئی سے آیا میرا دوست، دوست کو سلام کرو
رات کو کھاؤ پیو، دن کو آرام کرو
واہ واہ واہ واہ واہ واہ واہ
سب مل کے ناچو گاؤ، چھٹی ہے موج مناؤ

ارے ارے سب مل کے ناچو گاؤ، چھٹی ہے موج مناؤ
بمبئ سے آیا میرا دوست ---
گئے راجہ مہاراجہ، اب سب تجھ ماجھا
ارے ارے مل کے بجاؤ باجہ، حلوا کھاؤ تازہ
سبھی امیر بنو، غریبی دور کرو
رات کو کھاؤ پیو، دن کو آرام کرو
بمبئ سے آیا میرا دوست ---
اب نہ کوئی ہو کڑکا، نہ کوئی پیسے والا
ارے ارے ناچیں گے سب مل کے، جیجا ہو یا سالا
چھوڑو کالے دھندے، سفید ہے کام کرو
رات کو کھاؤ پیو، دن کو آرام کرو
بمبئ سے آیا میرا دوست، دوست کو سلام کرو
رات کو کھاؤ پیو، دن کو آرام کرو

***

گانا نمبر : ۱۹

نغمہ : آج میرے یار کی شادی ہے

فلم : آدمی سڑک کا (۱۹۷۷ء)

نغمہ نگار : ورما ملک

گلوکار : محمد رفیع، روی، دیون ورما

موسیقار : روی

اداکار : شتروگھن سنہا، وکرم، زہیرہ

امیر سے ہوتی ہے غریب سے ہوتی ہے
دور سے ہوتی ہے قریب سے ہوتی ہے
مگر جہاں بھی ہوتی ہے اے میرے دوستو
شادیاں تو نصیب سے ہوتی ہیں
آج میرے یار کی شادی ہے
آج میرے یار کی شادی ہے
لگتا ہے جیسے سارے سنسار کی شادی ہے
آج میرے یار کی---

وقت ہے خوبصورت بڑا شبھ لگن مہورت
دیکھو کیا خوب جمی ہے دلہے کی بھولی صورت
خوشی سے جھومے ہے من، ملا سجنی کو ساجن
کیسے سنجوگ ملے ہیں چولی سے بندھ گیا دامن
او سن میرے دل جانی
شروع اب ہونے لگی ہے نئی تیری زندگانی
خوشی سے کیا اترائے
آج تو ہمیں نچائے
وقت وہ آنے والا -- او ہو
دلہنیا تجھے نچائے
کسی کے سپنوں کے سولہ سنگھار کی شادی ہے
آج میرے یار کی شادی ہے
تارے توڑ لاؤں تیرے سہرے کو سجاؤں
پھول راہوں میں بچھاؤں میں پیار کے
آج لوں گا میں بلائیں، دوں گا دل سے دعائیں
ڈال گلے میں بانہیں اب یار کے

ایک چمن سے دیکھو، آج بہار کی شادی ہے

آج میرے یار کی شادی ہے، میرے دلدار کی شادی ہے

لگتا ہے جیسے سارے سنسار کی شادی ہے

آج میرے یار کی۔۔۔

***

۱۹۸۰ - گانا نمبر : ۰۱

نغمہ : پکڑو پکڑو پکڑو جکڑو جکڑو جکڑو

فلم : نصیب (۱۹۸۱ء)

نغمہ نگار : آنند بخشی

گلوکار : کشور کمار، اوشا منگیشکر

موسیقار : لکشمی کانت پیارے لال

اداکار : ایتابھ بچن، شتروگھن سنہا، رشی کپور، ہیما مالنی، ریناراۓ

ہو تو تو تو

پکڑو پکڑو پکڑو جکڑو جکڑو جکڑو

دیکھو جانے نہ پائے جائے تو واپس آنے نہ پائے

ارے پکڑو پکڑو پکڑو جکڑو جکڑو جکڑو

ارے پکڑو پکڑو پکڑو جکڑو جکڑو جکڑو

مارو قینچی توڑو ٹانگڑی یہ گھر جائے ہو کے لنگڑی

بائیا پکڑو ہاتھ مروڑو گوری ٹانگ نہ توڑو

کھیل ہے پیارے پیار نہیں ہے

دشمن ہے دل دار نہیں ہے

یہ تیرا دل دھڑکنے نہ پائے
پکڑو پکڑو پکڑو جکڑو جکڑو جکڑو
دیکھو جانے نہ پائے جائے تو واپس آنے نہ پائے
کوئی لڑکی یہ نہ بھولے یہ لڑکا ہم سے نہ جھولے
اس کا مکھڑا تو ہے بھولا شبنم میں ہے آگ کا شعلہ
اپنے دل پے رکھنا قابو اس کے نینوں میں ہے جادو
او نینوں سے نینا ملنے نہ پائے
پکڑو پکڑو پکڑو جکڑو جکڑو جکڑو
دیکھو جانے نہ پائے جائے تو واپس آنے نہ پائے
ایک گئی اب دوجی آئی توبہ اللہ رام دہائی
یہ تو سانس نہیں چھوڑے گی یہ میدان میں دم توڑے گی
سوچ سمجھ کے زور لگانا یہ نازک ہے بھول نہ جانا
پتلی کمر بل کھانے نہ پائے
پکڑو پکڑو پکڑو جکڑو جکڑو جکڑو
دیکھو جانے نہ پائے جائے تو واپس آنے نہ پائے
ارے پکڑو پکڑو پکڑو جکڑو جکڑو

***

گانا نمبر : ۰۲

نغمہ : خاتون کی خدمت میں سلام اپن کا

فلم : دیش پریمی (۱۹۸۲ء)

نغمہ نگار : آنند بخشی

گلوکار : کشور کمار، آشا بھونسلے

موسیقار : لکشمی کانت پیارے لال

اداکار : ایتابھ بچن، ہیما مالینی، نوین نشچل، شرمیلا ٹیگور، شمی کپور، پروین بابی

اری او پوٹّی کہاں چلی

پلٹ میری انار کی کلی

بد تمیز!

تنے دن تنداناتنے دن تندانا

خاتون کی خدمت میں سلام اپن کا

اجی پوٹّی پٹانا ہے

اجی پوٹّی پٹانا ہے، فقط کام اپن کا

گھر بار ہوا عشق میں نیلام اپن کا

خاتون کی خدمت میں ---

باتاں نہیں کرتے ہم حیدرآبادی

ہاتھاں میں ترے جو آج مہندی نہ لگا دی

تو نام نہیں لیں گے کبھی اپنے وطن کا

کبھی اپنے وطن کا

خاتون کی خدمت میں ---

گلبدن خادم کے ہاتھاں سے

منہ میں ڈال کو چبائیں گے، کیا --- پان!

یہ پاناں میں میرے کلیجے کے ٹکڑے

سپاری کی جگہ رکھ کے

چبر چبر کے چبر جا

مر مٹنے میں جانم ہم لوگاں ہیں ماہر

مر مٹنے میں جانم ہم لوگاں ہیں ماہر

گھس کر تیرے دل میں نکلیں گے نہ باہر

خرچہ ہو کفن کا نا چرچا ہو دفن کا

خاتون کی خدمت میں ---

خاتون کی خدمت میں سلام اپن کا
اجی پوٹّی پٹانا ہے، فقط کام اپن کا

***

گانا نمبر : ۰۳

نغمہ : کہ پگ گھنگھرو باندھ میرا ناچی تھی

فلم : نمک حلال (۱۹۸۲ء)

نغمہ نگار : انجان، پرکاش مہرا

گلوکار : کشور کمار

موسیقار : بھپی لہری

اداکار : امیتابھ بچن، ششی کپور، سمیتا پاٹل، پروین بابی

ہمم ہے ہے۔۔ بزرگوں نے

بزرگوں نے فرمایا کہ پیروں پہ اپنے کھڑے ہو کے دکھلاؤ

پھر یہ زمانہ تمہارا ہے

زمانہ کے سر تال کے ساتھ چلتے چلے جاؤ

پھر ہر ترانہ تمہارا، فسانہ تمہارا ہے

ارے تو لو بھیا ہم

اپنے پیروں کے اوپر کھڑے ہو گئے

اور ملا لی ہے تال

دبا لے گا دانتوں تلے انگلیاں لیاں

یہ جہاں دیکھ کر، دیکھ کر اپنی چال
واہ واہ واہ، دھنے واد
ہمم--- کہ پگ گھنگھرو --
کہ پگ گھنگھرو باندھ میرا ناچی تھی
اور ہم ناچے بن گھنگھرو کے
کہ پگ گھنگھرو باندھ میرا ناچی تھی
وہ تیر بھلا کس کام کا ہے
جو تیر نشانے سے چوکے چوکے رہے
کہ پگ گھنگھرو --
پگ گھنگھرو باندھ میرا ناچی تھی
سا سا سا گا گا رے رے سا نی نی نی سا
گا ما رے پا نی سا دھا
ہمم، آپ اندر سے کچھ اور
باہر سے کچھ اور نظر آتے ہیں
بخدا شکل سے تو چور نظر آتے ہیں
عمر گزری ہے ساری چوری میں
سارے سکھ چین بند جرم کی تجوری میں

آپ کا تو لگتا ہے بس یہی سپنا

رام رام جپنا، پرایا مال اپنا

وطن کا کھایا نمک تو نمک حلال بنو

فرض ایمان کی زندہ یہاں مثال بنو

پرایا دھن، پرائی نار پہ نظر مت ڈالو

بری عادت ہے یہ، عادت ابھی بدل ڈالو

کیونکہ یہ عادت تو وہ آگ ہے جو

اک دن اپنا گھر پھونکے پھونکے پھونکے رے

کہ پگ گھنگھرو -- پگ گھنگھرو باندھ میرا ناچی تھی

موسم عشق میں

مچلے ہوئے ارمان ہیں ہم

دل کو لگتا ہے کہ

دو جسم ایک جان ہے ہم

ایسا لگتا ہے تو لگنے میں کچھ برائی نہیں

دل یہ کہتا ہے آپ اپنی ہیں پرائی نہیں

سنگ مرمر کی ہائے، کوئی مورت ہو تم

بڑی دلکش بڑی خوبصورت ہو تم

دل دل سے ملنے کی کوئی مہورت ہو
پیاسے دلوں کی ضرورت ہو تم
دل چیر کے دکھلا دوں میں
دل میں یہی صورت حسیں
کیا آپ کو لگتا نہیں ہم ہیں ملے پہلے کہیں
کیا دیش ہے کیا جات ہے
کیا عمر ہے کیا نام ہے
ارے چھوڑیے ان باتوں سے
ہم کو بھلا کیا کام ہے
اجی سنیے تو
ہم آپ ملیں تو پھر ہو شروع
افسانے لیلیٰ مجنوں، لیلیٰ مجنوں کے
کہ پگ گھنگھرو باندھ میرا ناچی تھی
اور ہم ناچے بن گھنگھرو کے
کہ پگ گھنگھرو باندھ میرا ناچی تھی

***

گانا نمبر : ۴۰

نغمہ : کیا ہوا ارے کیا ہوا

فلم : سراغ (۱۹۸۲ء)
نغمہ نگار : کیفی اعظمی
گلوکار : کشور کمار
موسیقار : بپی لہری
اداکار : سنجیو کمار، شبانہ اعظمی

اب آؤ آج کی یہ رات
ہم یونہی بسر کر لیں
تم اپنا منہ ادھر کر لو
ہم اپنا منہ ادھر کر لیں
غصہ ہی کرنا ہے، تو اس قدر کرلو
تمہارا منہ جدھر ہے، پیٹھ بھی ادھر کرلو
کیا ہوا ارے کیا ہوا
دیکھو دیکھو تم پھر روٹھے

روٹھ کے ہاتھ چھڑاؤ نہ
کیا خطا ہوئی، کیا خطا؟
ارے میٹھی میٹھی رات ملن کی، اس کو زہر بناؤ نہ
کیا ہوا ارے کیا ہوا
کیا ہوا و للہ کیا ہوا
لب پے نہیں ہے آنکھوں میں ہی ہے
رت جواں ہے مست سماں ہے
یونہی سماں یہ بیت جائے
اتنی بات بڑھاؤ نہ
کیا ہوا ارے بھائی کیا ہوا
دیکھو دیکھو تم پھر روٹھے
روٹھ کے ہاتھ چھڑاؤ نہ
کیا ہوا ارے بھائی کیا ہوا
ہائے ہائے اوئے ہوئے
آنکھ ملا کے رات جگا لو
پیار کا رنگین جشن منا لو

فدا ہوں میں اس مکھڑے پر
مجھ کو پیٹھ دکھاؤ نہ
کیا ہوا و للہ کیا ہوا
دیکھو دیکھو تم پھر روٹھے
روٹھ کے ہاتھ چھڑاؤ نہ
کیا ہوا میں نے کہا کیا ہوا
ٹھنڈی ہوا کے جھونکے یہ چاہیں
ڈال گلے میں گوری سی بانہیں
تمہیں بسا لوں تن من میں
اور ذرا پاس آؤ ناں
کیا ہوا ارے بھائی کیا ہوا
دیکھو دیکھو تم پھر روٹھے
روٹھ کے ہاتھ چھڑاؤ نہ
کیا ہوا ارے بھائی کیا ہوا
ہائے ہائے اوئے ہوئے
ارے میٹھی میٹھی رات ملن کی، اس کو زہر بناؤ نہ

کیا ہوا ارے کیا ہوا

دیکھو دیکھو تم پھر روٹھے

روٹھ کے ہاتھ چھڑاؤ نہ

کیا ہوا و للہ کیا ہوا

***

گانا نمبر : ۰۵

نغمہ : چل چل میرے بھائی

فلم : نصیب (۱۹۸۱ء)

نغمہ نگار : آنند بخشی

گلوکار : محمد رفیع، ایتابھ بچن، رشی کپور

موسیقار : لکشمی کانت پیارے لال

اداکار : ایتابھ بچن، شتروگھن سنہا، رشی کپور، ہیمامالنی، پروین بابی

چل میرے بھائی چل چل میرے بھائی
تیرے ہاتھ جوڑتا ہوں
ہاتھ جوڑتا ہوں تیرے پاؤں پڑتا ہوں
چل میرے بھائی۔۔۔
چاند ہوا آوارہ صبح کا نکلا تارہ
چل میرے بھائی۔۔۔
تو نے نہیں پی ہاں میں نے پی ہے
جس نے بھی پی یہ عادت بری ہے

بہت ہو چکی دنیا سو چکی
اب مان جا نہیں سر پھوڑتا ہوں
چل میرے بھائی۔۔۔
مجھ کو یارو معاف کرنا میں نشہ میں ہوں
جس کا بڑا بھائی ہو شرابی
چھوٹا پیے تو کیا ہے خرابی
بھلا یا برا تم ہی سمجھنا
تم پہ فیصلہ یہ میں چھوڑتا ہوں
چل میرے بھائی۔۔۔
ٹیکسی والے نے بھی نہ بٹھایا
ٹم ٹم والے نے چابک دکھایا
اپنی پیٹھ پر تمہیں اٹھا کر
گھوڑا بن کر دیکھ میں دوڑتا ہوں
چل میرے بھائی۔۔۔
بڑا ہو کے چھوٹے پے رعب ڈالتا ہے ہاں؟
نہیں آتا ہے نا؟ نہیں آتا ہے نا؟

تو جا میں بھی نہیں جاتا کٹی!

ہو گیا نا کٹی کٹی!

تو جان من ہے جان جگر ہے

تیرے لیے جان بھی حاضر ہے

مجھ سے اس قدر پیار ہے اگر

لا دے یہ بوتل میں توڑتا ہوں

چل میرے بھائی۔۔۔

***

گانا نمبر : ۰۶

نغمہ : میرے ہاتھوں میں نو نو چوڑیاں

فلم : چاندنی (۱۹۸۹ء)

نغمہ نگار : آنند بخشی

گلوکار : لتا منگیشکر

موسیقار : شیو ہری

اداکار : سری دیوی، رشی کپور، ونود کھنہ

میرے ہاتھوں میں نو نو چوڑیاں ہیں
تھوڑا ٹھہرو ساجن مجبوریاں ہیں
ملن ہوگا ابھی اک رات کی دوریاں ہیں
میرے ہاتھوں میں نو نو چوڑیاں ہیں
لمبی لمبی وہ کالی کالی راتوں میں
کاہے چوڑیاں کھنکتی ہیں ہاتھوں میں
نہ آنا تو نگوڑی چوڑیوں کی باتوں میں
میرے ہاتھوں میں نو نو چوڑیاں ہیں

لے جا واپس تو اپنی بارات منڈیا
میں نہیں جانا نہیں جانا تیرے ساتھ منڈیا
جگائے گا جگائے گا تو ساری رات منڈیا
میرے ہاتھوں میں نو نو چوڑیاں ہیں
آتے جاتے گلی میں میرا دل دھڑکے
میرے پیچھے پڑے ہیں آٹھ دس لڑکے
وہ لے جائیں کسی دن یہ سپیرے ناگن پکڑ کے
میرے ہاتھوں میں نو نو چوڑیاں ہیں
میرے گھٹنوں سے لمبی ہائے میری چوٹی ہے
میری آنکھ شطرنج کی گوٹی ہے
میرے بابل نے پھر کہنا ابھی تو چھوٹی ہے
میرے ہاتھوں میں نو نو چوڑیاں ہیں
میرے درزی سے آج میری جنگ ہو گئی
کل چولی سلائی آج تنگ ہو گئی
اوئے شاوا شاوا
کرے وہ کیا تو لڑکی تھی پتنگ ہو گئی

میرے　ہاتھوں　میں　نو　نو　چوڑیاں　ہیں

میرے　سیاں　کیا　یہ　برا　کام　تو　نے

کہیں　کا　بھی　نہ　چھوڑا　مجھے　ہائے　رام　تو　نے

میرے　سیاں　---

میرے　ہاتھوں　میں　نو　نو　چوڑیاں　ہیں

***

گانا نمبر : ۰۷

نغمہ : ترچھی ٹوپی والے، او بابو بھولے بھالے

فلم : تری دیو (۱۹۸۹ء)

نغمہ نگار : آنند بخشی

گلوکار : سپنا مکرجی، امیت کمار

موسیقار : کلیان جی آنند جی

اداکار : نصیر الدین شاہ، سنی دیول، جیکی شراف، مادھوری ڈکشٹ، سنگیتا بجلانی، سونم

اوئے او اوئے او او

ترچھی ٹوپی والے، او بابو بھولے بھالے

تو یاد آنے لگا ہے، دل میرا جانے لگا ہے

او ترچھے نینوں والی، او بی بی بھولی بھالی

تو یاد آنے لگی ہے، جاں میری جانے لگی ہے

انکھیاں ملا، مجھے دل میں بسا، پلکوں یہ بٹھا

اس بات کا، صاف مطلب بتا، تیری مرضی ہے کیا

میرا چین اڑا دے ظلمی، میری نیند چرا لے
ترچھی ٹوپی والے ---
جھوٹا سہی تیرا وعدہ مگر، مجھے سچا لگا
یہ تو بتا تجھے مجھ میں بھلا، کیا اچھا لگا
یہ گورا گورا مکھڑا تیرا، آنکھیں کالی کالی
ترچھی ٹوپی والے ---
ترچھے نینوں والی، او بی بی بھولی بھالی
تو یاد آنے لگی ہے، جاں میری جانے لگی ہے
ترچھی ٹوپی والے، او بابو بھولے بھالے
تو یاد آنے لگا ہے، دل میرا جانے لگا ہے
میں گاؤں کا سیدھا سادا بلم، کہاں میں آ گیا
اس شہر میں میرا جانم بھلا، آ کے گھبرا گیا
او میری دنیا سے یہ تیری دنیا ہے نرالی
ترچھے نینوں والی ---
لگتا ہے ڈر کلیاں پیار کی، یہاں کھلتی نہیں
ملتے ہیں دل تقدیریں مگر، سدا ملتے نہیں

محبت کے دشمن ہوتے ہیں دنیا والے

ترچھی ٹوپی والے ---

اوئے او اوئے اوئے او او

***

گانا نمبر : ۰۸

نغمہ : چل چمیلی باغ میں ۔۔۔

فلم : کرودھی (۱۹۸۱ء)

نغمہ نگار : آنند بخشی

گلوکار : لتا منگیشکر، سریش واڈیکر

موسیقار : لکشمی کانت پیارے لال

اداکار : دھریندر، ششی کپور، زینت امان، ہیما مالنی

چل چمیلی باغ میں میوہ کھلاؤں گا
میوے کی ٹہنی ٹوٹ گئی تو، چادر بچھاؤں گا
چادر کا پلو پھٹ گیا تو، درزی بلاؤں گا
درزی کی سوئی ٹوٹ گئی تو، گھوڑا دوڑاؤں گا
گھوڑے کی ٹانگ ٹوٹ گئی تو، تم کو اٹھاؤں گا
دل میں بٹھاؤں گا
چل چمیلی باغ میں ۔۔۔
اتنا سب کچھ کر کے پھر دل میں بٹھاؤ گے

پہلے سے ہی دل میں بٹھا لو تم تھک جاؤ گے
چل چمیلی چل چمیلی باغ میں جھولا جھلاؤں گی
جھولے کی رسی ٹوٹ جائے گی تو، آنچل بچھاؤں گی
آنچل کا پلو پھٹ گیا تو، سی کر دکھاؤں گی
سوئی جو مجھ کو چبھ گئی، ہنس کر مناؤں گی
ہنس کر جو تم نہ مانے تو رو کر دکھاؤں گی
تم کو مناؤں گی
تم مان جاؤ گے، میں روٹھ جاؤں گی
چل چمیلی باغ میں ۔۔۔
یعنی سارا وقت کٹے گا تمہیں منانے میں
گھر میں بیٹھو کیا رکھا ہے باغ میں جانے میں
چل چمیلی باغ میں، پنچھی دکھاؤں گا
پنچھی ڈالی سے اڑ گئے تو، سیٹی بجاؤں گا
سیٹی سے بھی وہ نہ مڑے تو، بنسی بجاؤں گا
بنسی جو گر کے ٹوٹ گئی تو، میں گیت گاؤں گا
گیتوں میں تم کو پیار کی باتیں سناؤں گا

دن رات پھر تم کو میں یاد آؤں گا
یاد نہ آنا ورنہ مجھ کو نیند نہ آئے گی
آنکھوں ہی آنکھوں میں ساری رات جائے گی
چل چمیلی باغ میں، چوری سے جائیں گے
چوری سے مالی کی سبھی کلیاں چرائیں گے
کلیاں چرا کے تیرا گجرا بنائیں گے
یہ تو سوچو کیا ہوگا جو پکڑے جائیں گے
پکڑے جانے سے پہلے تو ہم بھاگ جائیں گے
چل چمیلی باغ میں ---

***

گانا نمبر : ۰۹

نغمہ : میرے جیون ساتھی، پیار کیے جا

فلم : ایک دوجے کے لیے (۱۹۸۱ء)
نغمہ نگار : آنند بخشی
گلوکار : ایس پی بالا سبرامنیم، انورادھا پودوال
موسیقار : لکشمی کانت پیارے لال
اداکار : کمل ہاسن، رتی اگنی ہوتری

میرے جیون ساتھی، پیار کیے جا
جوانی دیوانی، خوبصورت ، ضدی، پڑوسن
ستیم شیوم سندرم، ستیم شیوم سندرم
جھوٹا کہیں کا
جھوٹا کہیں کا؟ ہاں، ہرے راما ہرے کرشنا
دھت !چار سو بیس، آوارہ!
دل ہی تو ہے!
عاشق ہوں بہاروں کا، تیرے میرے سپنے

تیرے گھر کے سامنے

آمنے سامنے، شادی کے بعد!

شادی کے بعد؟ او باپ رے!

ہاں ہاں !ہمارے تمہارے!

کیا؟

منا، گڈی، ٹنکو، ملی، شن شناکی بوبلا بو

کھیل کھیل میں، شور ، شور ---

بھول گئے؟

جانی میرا نام!

اچھا؟

چوری میرا کام، جانی میرا نام --- او چوری میرا کام

رام اور شیام

دھت !بنڈل باز!

لڑکی، ملن، گیت گاتا چل، پیار کا موسم

بے شرم!

ستیم شیوم سندرم، ستیم شیوم سندرم

میرے جیون ساتھی، پیار کیے جا

جا جا!

جوانی دیوانی، خوبصورت ، ضدی، پڑوسن

عشق عشق عشق!

ناٹی بوائے!

بلف ماسٹر!

یہ راستے ہیں پیار کے، چلتے چلتے، میرے ہمسفر

آہ!

ہمسفر، دل تیرا دیوانہ، مستانہ، چھلیا، انجانا

پگلا کہیں کا!

چھلیا، انجانا، عاشق بیگانہ، لوفر، اناڑی

بڑھتی کا نام ڈاڑھی، چلتی کا نام گاڑی

جب پیار کسی سے ہوتا ہے، اے صنم

اوہ ہو!

جب یاد کسی کی آتی ہے، جانِ من

سچ؟

بندھن، کنگن، چندن، جھولا، چندن

کنگن، بندھن، جھولا، بندھن

جھولا، کنگن جھولا، چندن جھولا، جھولا جھولا

دل دیا درد لیا، جھنک پائل باجے

چھم چھم چھم

گیت گایا پتھروں نے، سرگم، ستیم شیوم سندرم

ستیم شیوم سندرم، ستیم شیوم سندرم

میرے جیون ساتھی، پیار کیے جا

چل چل!

جوانی دیوانی، خوبصورت ، ضدی، پڑوسن

ستیم شیوم سندرم، ستیم شیوم سندرم

Sing with me come on

***

گانا نمبر : ۱۰

نغمہ : رمبھا ہو ہو میں ناچوں تم ناچو

فلم : ارمان (۱۹۸۱ء)

نغمہ نگار : اندیور

گلوکار : اوشا اتھپ

موسیقار : بھپی لہری

اداکار : راج ببر، رنجیتا، شکتی کپور، پریما نارائن، کلپنا ایر

رمبھا ہو ہو سمبھا ہو ہو ہو

رمبھا ہو ہو سمبھا ہو ہو ہو

میں ناچوں تم ناچو

جتنی تم پیار سے جی لو گے اتنی ہی زندگی

میں ناچوں تم ناچو، جتنی تم پیار سے جیو گے

اتنی ہی زندگی رمبھا ہو ہو سمبھا ہو ہو

سن لے او جانِ من میں تیری محبوبہ

مسکرا مسکرا ان راہوں میں دل ڈوبا دل ڈوبا

لیونگ وی آر لیونگ، ڈانسنگ وی آر ڈانسنگ

رمبھا ہو ہو سمبھا ہو ہو، میں ناچوں تم ناچو

دنیا میں لوگوں کے میلے یہ

آئیں گے جائیں گے ہو او او

یاروں سے مل کے ہم جھومیں گے، جھومیں گے گائیں گے

چھائیں گے چھائیں گے یا یا

پئیں گے ہاں پئیں گے، آل دا پیپل وی لَو

رمبھا ہو ہو سمبھا ہو ہو

میں ناچوں تم ناچو

جتنی تم پیار سے جی لو گے اتنی ہی زندگی

رمبھا ہو ہو سمبھا ہو ہو

رمبھا ہو ہو سمبھا ہو ہو

***

گانا نمبر : ۱۱

نغمہ : جہاں چار یار مل جائیں، وہیں رات ہو گلزار

فلم : شرابی (۱۹۸۴ء)

گلوکار : کشور کمار، امیتابھ بچن

نغمہ نگار : پرکاش مہرا

موسیقار : بپی لہری

اداکار : امیتابھ بچن، جیہ پردا، پران

جہاں چار یار مل جائیں، وہیں رات ہو گلزار

جہاں چار یار ---

محفل رنگین جمے، دور چلے دھوم مچے

نظر دیکھے نئے چمتکار، جہاں چار یار ---

One o'clock, in my house, there was a cat, there was a mouse

کھیل رہے تھے، ڈنڈا گلی، چوہا آگے، پیچھے بلی

چوہے کو پڑ گئے جان کے لالے، بولا مجھ کو کوئی بچا لے

چوہا آگے پیچھے بلی، پیچھے بلی چوہا آگے

چوہا آگے پیچھے بلی ---

بند جھروکہ، بند تھی کھڑکی، بگڑی ہوئی تھی حالت اس کی

میرے پاس تھا بھرا گلاس، پی گیا چوہا ساری وہسکی

اکڑ کے بولا کہاں ہے بلی، دم دبا کے بلی بھاگی

چوہے کی پھوٹی قسمت جاگی

دم دبا کے بلی بھاگی، چوہے کی پھوٹی قسمت جاگی

کھیل رسکی تھا ---

کھیل رسکی تھا، وہسکی نے کیا بیڑا پار

محفل رنگین جمے، دور چلے دھوم مچے

نظر دیکھے نئے چمتکار، جہاں چار یار ---

ایک husband تھا، ایک wife تھی

ان کی miserable لائف تھی

drunkard husband, fighter wife

دھیرے دھیرے شوہر اکڑا

روز کے جھگڑے، روز کے لفڑے، لفڑے جھگڑے اور جھگڑے لفڑے

لفڑے جھگڑے، جھگڑے لفڑے، جھگڑے لفڑے، لفڑے جھگڑے
بیوی کی تھی ایک سہیلی، اس نے اس کو کچھ سمجھایا
تب بیوی کی سمجھ میں آیا، رات کو شوہر پی کے آیا
دروازے پر پھر چلایا، آئی ی ، او وو
اس دن بیوی بن گئی بھولی، کنڈی کھولی ہنس کے بولی
جانِ تمنا، اندر آؤ، پہلے تو کچھ کھاؤ واؤ
پھر بستر پر ہونگی باتیں ، بڑے پیار سے کٹیں گی راتیں
شوہر چونکا، بھولے سے میں یہ کس کے گھر آ گیا، یار؟
میری بیوی مجھے کبھی بھی نہیں دے سکتی اتنا پیار!
شوہر بستر چھوڑ کے بھاگا، کنڈی تالا توڑ کے بھاگا
بھاگا رے بھاگا رے بھاگا رے ، ہا!
بولا دیوی معاف کیجیے، میرے ساتھ ذرا انصاف کیجیے
مجھ کو اپنے گھر جانا ہے، ورنہ بیوی پھر مارے گی
اس دن بیوی ہوش میں آئی، بند ہو گئی ساری لڑائی
نفرت ہاری، الفت جیتی، لٹی خوشی پھر لوٹ کے آئی
آئی رے آئی رے آئی رے ، ہا!

پھر بیوی نے اتنا دیا پیار پینا چھوٹ گیا

پھر دونوں ایسے ملے، پیار میں ہی ڈوب گئے

پیار اگر ملے تو ہر نشہ ہے بے کار

جہاں چار یار ---

***

۱۹۹۰ - گانا نمبر : ۰۱

نغمہ : جما چما دے دے چما

فلم : ہم (۱۹۹۱ء)

نغمہ نگار : آنند بخشی

گلوکار : سدیش بھونسلے، کویتا کرشنا مورتی

موسیقار : لکشمی کانت پیارے لال

اداکار : ایتابھ بچن، رجنی کانت، گووندا، کمی کاٹکر

جما جما، جما جما

جما جما جما، جما جما جما

ارے او جما، میری جانِ من، باہر نکل

آج جمعہ ہے، آج کا وعدہ ہے

دیکھ میں آ گیا، تو بھی جلدی آ

مجھے مت اور تڑپا

ارے تو بولی تھی پچھلے جمعے کو

چما دوں گی اگلے جمعے کو

آج جمعہ ہے تو آ جا آ جا

جما چما دے دے، جما چما دے دے چما

جمعے کے دن کیا چمے کا وعدہ

جمعے کو توڑ دیا چمے کا وعدہ

لے آ گیا رے پھر جما، چما ---

جمعے کے بدلے میں، کیا دو گے بولو تو

لینا کیا، دینا کیا، لینا کیا، دینا کیا

چما دو، چما لو ---

میں کچھ نہ دوں گا اس سے زیادہ چما

چما دے دے، جما چما دے دے چما

چما نہ سے، جما چما نہ دے چما

جما چما دے دے، جما چما دے دے چما

میں تیرا جی بھر دوں، سوچا تھا ہاں کر دوں

پھر کاہے پھر کاہے نہ کر دی، نہ کر دی

پھر کاہے نہ کر دی

میں صدقے جان کر دوں

میں نے بدل دیا ارادہ جما

چما نہ دے، جما چما نہ دے چما

***

گانا نمبر : ۰۲

نغمہ : یو پی والا ٹھمکا لگاؤں

فلم : ہیرو نمبر ون (۱۹۹۷ء)

نغمہ نگار : سمیر

گلوکار : سونو نگم

موسیقار : آنند ملند

اداکار : گوونڈا، کرشمہ کپور

یو پی والا ٹھمکا لگاؤں

کہ ہیرو جیسے ناچ کے دکھاؤں

گوری ناچ کے دکھاؤں

سنگ سنگ تجھے بھی نچاؤں

ارے یو پی والا ٹھمکا لگاؤں

بڑے دنوں بعد ملی ایسی خوشحالی

ہونے لگی دیکھو میری چلا متوالی

واللہ ارے واللہ لڑکا بتاؤں

کہ ہیرو جیسے ناچ کے دکھاؤں
ارے یو پی والا ٹھمکا لگاؤں
ایسے چھپ چھپ کے ملائے کیوں نظریا
جیسے بھدرا میں کہیں چمکے بجریا
ممبئ والا ارے ممبئ والا جھٹکا سکھاؤں
کہ ہیرو جیسے ناچ کے دکھاؤں
سنگ سنگ تجھے بھی نچاؤں
کوئی میرے سر پہ بھی سہرا سجا دے
میری ہونے والی محبوبہ سے ملا دے
دلی والا ارے دلی والا بینڈ بجاؤں
کہ ہیرو جیسے ناچ کے دکھاؤں
سنگ سنگ تجھے بھی نچاؤں
ارے یو پی والا ٹھمکا لگاؤں

***

گانا نمبر : ۰۳

نغمہ : بنا رے بمبیا بنارس کا بھیا

فلم : بنارسی بابو (۱۹۹۷ء)

نغمہ نگار : سمیر

گلوکار : ونود راٹھوڑ

موسیقار : آنند ملند

اداکار : گووندا، رمیا

بنا رے بمبیا بنارس کا بھیا
بنا رے بمبیا
بدل گیا کیسا ملا جب روپیا
بنا رے بمبیا بنارس کا بھیا
میں نے پیا ہے گنگا کا پانی
سیتا سمجھنا تو مجھ کو رانی
تجھ کو بناؤں گا کھونٹے کی گئیا
بدل گیا کیسا ملا جب روپیا

لُک مائی ڈارلنگ ہو ڈارلنگ ہائے ڈارلنگ

لک مائی ڈارلنگ تیرا بنارسی

بن گیا انگلش مین

میری لگائی ڈونٹ بی شائی

ملا لے مجھ سے نین

مجھ کو پکڑنے دے گوری کلائیاں

بدل گیا کیسا ملا جب روپیا

لے جاؤں گا تجھ کو گاؤں اپنے

ارے لے جاؤں گا تجھ کو گاؤں اپنے

پورے کروں گا میں سارے سپنے

تجھ کو گھماؤں گا جھمری تلیا

بدل گیا کیسا ملا جب روپیا

بنا رے بمبیا بنارس کا بھیا

***

گانا نمبر : ۰۴

نغمہ : سرکائی لو کھٹیا جاڑا لگے

فلم : راجہ بابو (۱۹۹۴ء)

نغمہ نگار : سمیر

گلوکار : کمار سانو، پورنیما

موسیقار : آنند ملند

اداکار : گووندا، کرشمہ کپور

سرکائی لو کھٹیا جاڑا لگے
جاڑے میں بلما پیارا لگے
سرکائی لو تکیہ زیادہ لگے
جاڑے میں بلما پیارا لگے
گرمی میں ماتھے سے ٹپکے پسینہ
بھائے نہ بارش کا ٹپ ٹپ مہینہ
سوئی چبھے یا شعلہ سا بھڑکے
مانے نہ بیری جیا مورا دھڑکے

ٹھکرائے نہیں بتیا جاڑا لگے
سرکائی لو کھٹیا جاڑا لگے
پڑنے لگی ہے کڑاکے کی سردی
کتنا ستائے ہے موسم بے دردی
ایسے میں کیسے سہیں ہم جدائی
بانہوں میں لے کے اڑا دو رضائی
ترسائے بڑی رتیا جاڑا لگے
سرکائی لو تکیہ زیادہ لگے
جاڑے میں بلما پیارا لگے
سرکائی لو کھٹیا جاڑا لگے

***

گانا نمبر : ۰۵

نغمہ : میں تو رستے سے جا رہا تھا

فلم : قلی نمبر ایک (۱۹۹۵ء)

نغمہ نگار : سمیر

گلوکار : کمار سانو، الکا یاگنک

موسیقار : آنند ملند

اداکار : گووندا، کرشمہ کپور

میں تو رستے سے جا رہا تھا
میں تو بھیل پوری کھا رہا تھا
میں تو لڑکی گھما رہا تھا
تجھ کو مرچی لگی تو میں کیا کروں
میں تو رستے سے جا رہی تھی
میں تو آئسکریم کھا رہی تھی
میں تو نیناں لڑا رہی تھی
تجھ کو مرچی لگی تو میں کیا کروں
جلے چاہے سارا زمانہ، چاہے تجھے تیرا دیوانہ

سنگ تیرے میں بھاگ جاؤں، نظر کسی کو بھی نہ آؤں

لوگ دل والوں سے یار جلتے ہیں

کیسے بتاؤں کیا کیا چال چلتے ہیں

میں تو گاڑی سے جا رہا تھا

میں تو سیٹی بجا رہا تھا

میں تو ٹوپی پھرا رہا تھا

تجھ کو دھکا لگا تو میں کیا کروں

نئ کوئی پکچر دکھا دے، مجھے کہیں کھانا کھلا دے

ذرا نگاہوں سے پلا دے، پیاس میرے دل کی بجھا دے

آج تجھے جی بھر کے پیار کرنا ہے

تیری نگاہوں سے دیدار کرنا ہے

میں تو ٹھمکا لگا رہی تھی

میں تو گیت کوئی گا رہی تھی

میں تو چکر چلا رہی تھی

تیری نانی مری تو میں کیا کروں

میں تو رستے سے جا رہا تھا ---

***

گانا نمبر : ۰۶

نغمہ : آتی کیا کھنڈالہ؟

فلم : غلام (۱۹۹۸ء)

نغمہ نگار : سمیر

گلوکار : الکا یاگنک، عامر خان

موسیقار : جتن للت

اداکار : عامر خان، رانی مکرجی

اے کیا بولتی تو، اے کیا میں بولوں
سن، سنا، آتی کیا کھنڈالہ؟
کیا کروں آ کے میں کھنڈالہ؟
گھومیں گے، پھریں گے، ناچیں گے، گائیں گے
عیش کریں گے اور کیا!
اے کیا بولتی تو؟
برسات کا سیزن ہے، کھنڈالہ جا کے کیا کرنا
برسات کے سیزن میں ہی تو مزا ہے میری مینا
بھیگوں گی میں، سردی کھانسی ہو جائے گی مجھ کو

چھاتا لے کے جائیں گے، پاگل سمجھی کیا مجھ کو

کیا کروں سمجھ میں آئے ناں

کیا کروں تجھ سے میں جانوں ناں

ارے اتنا تو کیوں سوچے، میں آگے تو پیچھے

بس اب نکلتے ہیں اور کیا

اے کیا بولتی تو ---

لونے والا میں چکی کھائیں گے، واٹر فال پہ جائیں گے

کھنڈالہ کے گھاٹ کے اوپر، فوٹو کھینچ کے آئیں گے

ہاں بھی کرتا نہ بھی کرتا، دل میرا دیوانہ

دل بھی سالا پارٹی بدلے، کیسا ہے زمانہ

فون لگا تو اپنے دل کو ذرا

پوچھ لے آخر ہے کیا ماجرا

ارے پل میں پھسلتا ہے، پل میں سنبھلتا ہے

کنفیوز کرتا ہے بس کیا

اے کیا بولتی تو ---

***

گانا نمبر : ۰۷

نغمہ : انکھیوں سے گولی مارے

فلم : دلہے راجہ (۱۹۹۸ء)

نغمہ نگار : سمیر

گلوکار : جسپیندر نرولا، سونو نگم

موسیقار : آنند ملند

اداکار : گووندا، رویِنہ ٹنڈن

اپنے دیوانے کا کر دے برا حال

رے جی انکھیوں سے گولی مارے

لڑکی کمال رے جی، انکھیوں سے گولی مارے

لڑکا کمال رے جی، انکھیوں سے گولی مارے

کچھ بل کھا کے، ہرنی جیسے چلتی ہے

پل میں تولہ پل میں ماشہ، کتنے رنگ بدلتی ہے

جس کو چاہے پاگل کر دے، اپنے حسن کے جادو سے

اس کے لمبے لمبے کالے کالے، ناگن سے بال

رے جی انکھیوں سے گولی مارے
لڑکی کمال رے جی، انکھیوں سے گولی مارے
چوری چوری چپکے چپکے میں بھی تجھ پہ مرتی تھی
شام سویرے دلبر جانی پیار تجھی سے کرتی تھی
سچ کہتی ہوں یہ،
میرا دل اور کسی کو چاہے ناں
دیکھو دیکھو پھنس گئی میں تو بلبل
پھینکا جو جال رے
انکھیوں سے گولی مارے، لڑکا کمال رے
اپنے دیوانے کا کر دے برا حال
رے جی انکھیوں سے گولی مارے
لڑکی کمال رے جی، انکھیوں سے گولی مارے
لڑکا کمال رے جی، انکھیوں سے گولی مارے

***

گانا نمبر : ۰۸

نغمہ : دیدی تیرا دیور دیوانہ

فلم : ہم آپ کے ہیں کون (۱۹۹۴ء)

نغمہ نگار : دیو کوہلی

گلوکار : لتا منگیشکر، ایس پی بالا سبرامنیم

موسیقار : رام لکشمن

اداکار : سلمان خان ، مادھوری ڈکشٹ، مہنیش بہل

دیدی تیرا دیور دیوانہ

ہائے رام کڑیوں کو ڈالے دانہ

دھندا ہے یہ اس کا پرانا

ہائے رام کڑیوں کو ڈالے دانہ

میں بولی کہ لانا یوں املی کا دانہ

مگر وہ چھوہارے لے آیا دیوانہ

میں بولی مچلے ہے دل میرا ہائے

وہ خربوزہ لایا جو نیمبو منگائے

پگلا ہے کوئی اس کو بتانا

ہائے رام کڑیوں کو ڈالے دانہ

میں بولی کہ لانا تو مٹی کی ہانڑی

مگر وہ بتاشے لے آیا اناڑی

میں بولی کہ لادے مجھے تو کھٹائی

وہ بازار سے لے کے آیا مٹھائی

ہوں مشکل ہے یوں مجھ کو پھنسانا

ہائے رام کڑیوں کو ڈالے دانہ

دیدی تیرا دیور دیوانہ

ہائے رام کڑیوں کو ڈالے دانہ

بھابھی تیری بہنا کو مانا

ہائے رام کڑیوں کا ہے زمانہ

ربا میرے مجھ کو بچانا

ہائے رام کڑیوں کا ہے زمانہ

حکم آپ کا تھا جو میں نے مانا

خطاوار ہوں میں نہ آیا نبھانا

سزا جو بھی دو گے وہ منظور ہو گی
اجی میری مشکل کبھی دور ہو گی
بندہ ہے یہ خود سے بیگانہ
ہائے رام کڑیوں کا ہے زمانہ
ہائے رام کڑیوں کا ہے زمانہ

***

گانا نمبر : ۰۹

نغمہ : جب بھی کوئی لڑکی دیکھوں

فلم : یہ دل لگی (۱۹۹۴ء)

نغمہ نگار : سمیر

گلوکار : ابھیجیت بھٹاچاریہ

موسیقار : دلیپ سین، سمیر سین

اداکار : سیف علی خان، اکشے کمار، کاجول

جب بھی کوئی لڑکی دیکھوں، میرا دل دیوانہ بولے

اولے اولے اولے، اولے اولے

گاؤ ترانہ یارا جھوم جھوم کے ہولے ہولے

اولے اولے اولے، اولے اولے

مجھ کو لبھاتی ہے جوانی یہاں، مستی لٹاتی زندگانی یہاں

مانے نہ کہنا پاگل مست پَوَن سا دل یہ ڈولے

اولے اولے اولے

کوئی مانے یا نہ مانے، میں ہوں عاشق آوارہ

میں دیوانہ، مجھ کو چاہت نے مارا
یہ چکنے چکنے چہرے، یہ گوری گوری بانہیں
بے چین مجھ کو کرتی ہیں، یہ چنچل شوخ ادائیں
مجھ کو ملی ہیں یہ بے چین یہاں، لکھوں خیالوں میں کہانی یہاں
دیکھوں جہاں کوئی شمع سنگ سے گئی ہولے ہولے
اولے اولے اولے، اولے اولے
میں دوڑتا رہتا ہوں، یادوں کی رنگ رلیوں میں
میرے سپنوں کا گھر ہے، محبوبہ کی گلیوں میں
دے در جاہو پیڑیوں کا، میں بے قابو ہو جاؤں
رنگیں لگے یہ دنیا، میں خوابوں میں کھو جاؤں
مانگوں حسینوں سے نشانی یہاں، بہکے شبابوں کی روانی یہاں
حسن کا جلوہ، میرے ان آنکھوں کا پردہ کھولے
اولے اولے اولے، اولے اولے

***

گانا نمبر : ۱۰

نغمہ : کائی پوچے ڈھیل دے دے رے بھیا

فلم : ہم دل دے چکے صنم (۱۹۹۹ء)

نغمہ نگار : محبوب

گلوکار : کے کے، شنکر مہادیون، ڈامنیک، جیوتسنا ہردیکر

موسیقار : اسماعیل دربار

اداکار : سلمان خان، ایشوریا رائے، اجے دیوگن

کائی پوچے، ہو ہو ہو

ہے ڈھیل دے ڈھیل دے دے رے بھیا

ہے ڈھیل دے ڈھیل دے دے رے بھیا

اُس پتنگ کو ڈھیل دے

جیسے ہی مستی میں آئے

اس پتنگ کو کھینچ دے

ہے ڈھیل دے ڈھیل دے دے رے بھیا

تیز تیز ہے مانجھا اپنا تیز ہے

انگلی کٹ سکتی ہے بابو
تو پتنگ کیا چیز ہے
ڈھیل دے ڈھیل دے دے رے بھیا
کائی پوچے آئی لپیٹ
تیری پتنگ تو گئی کام سے
کیسے کٹی اڑی تھی شان سے
چل سرک اب کھسک
تیری نہیں تھی وہ پتنگ
وہ تو گئی کسی کے سنگ سنگ
اوہ غم نہ کر گھما پھرا کے ٹتو
پھر سے غر غر غر
آسماں ہے تیرا پیار، حوصلہ بلند ہے
دم نہیں ہے آنکھوں میں، مانجھے کی پکڑ ہے
تنی کیسے باندھتے ہیں اس کو کیا خبر ہے
لگا لے پینچ پھر سے
تو ہونے دے جنگ

نظر سدا ہو اونچی سکھاتی ہے پتنگ

سکھاتی ہے پتنگ

ہو ہو ہو ہو ہو

ہے ڈھیل دے ڈھیل دے دے رے بھیا

اُس پتنگ کو ڈھیل دے

جیسے ہی مستی میں آئے

اس پتنگ کو کھینچ دے

کائی پوچے

***

گانا نمبر : ۱۱

نغمہ : اماں دیکھ تیرا منڈا بگڑا جائے

فلم : اسٹنٹ مین (۱۹۹۴ء)

نغمہ نگار : سمیر

گلوکار : بالی برہما بھٹ، الکا یاگنک

موسیقار : ندیم شراون

اداکار : جیکی شراف، زیبا بختیار

اماں دیکھ آ دیکھ

تیرا منڈا بگڑا جائے

بے بے دیکھ آ دیکھ

تیرا منڈا بگڑا جائے

اماں دیکھ بے بے دیکھ

تیرا منڈا بگڑا جائے

اس کے چھوٹے بال کٹا دے

اس کو ہندی بول سکھا دے

ٹی۔وی ویڈیو بند کرا دے

کالج کا رستہ دکھلا دے

ڈسکو میں جانا رکوا دے

ہوٹل میں کھانا رکوا دے

چنگی کڑی کوئی دلوا دے

جلدی سے شادی کروا دے

اماں دیکھ آ دیکھ

تیرا منڈا بگڑا جائے

اماں دیکھ بے بے دیکھ

او پیٹر ذرا سن، تھوڑی وہسکی اور گن

اس میں لائم،

please hurry

Know the time

اماں دیکھ آ دیکھ

تیرا منڈا بگڑا جائے

Beat the dhol, get your body on the floor

Check it out!

Aaha aaha, balle balle balle

جٹیاں آئیاں کتھیا ہو کے

بیب سوٹ گلابی پا کے

پی کے دارو، یوں نہ چھیڑ شرابی آ کے

جیل کرا دوں نہ ہا بے بے

سانو چھیڑ شرابی نہ نہ

چھیڑ شرابی نہ نہ

سانو چھیڑ شرابی نہ نہ

او بلے بلے ، تو چھیڑ کڑیاں نہ چھیڑ نہ

تیری رپورٹ لکھوا دوں، تجھے تھانے بھجوا دوں

ہتھکڑی لگوا دوں، پٹوا دوں

چھیڑ کڑیاں نو چھیڑ ناں

بلے بلے ہو بلے بلے

ماما سے، ماموں سے، ماما مکوسا

کل کا ہے میری جان کیا ہے بھروسہ

Hey Mum, hey Dad
Why morn and grown
Why don’nt you learn to live,
With the time and just
Please leave us alone,
What kind of a man, would spend his life
Like a jack of all * master of none
Woogie woogie, rag n rap
Raaga, rock n roll and bhangra
اماں دیکھ اماں دیکھ، اماں دیکھ دیکھ دیکھ
دیکھ گانا اوپر نیچے
بھاگے گانا آگے پیچھے
بیوی چکر میں آئے گی
اس پہ پہرے بٹھائے گی
بچے بچ ہو جائیں گے
اس کو رستے پہ لائیں گے

اس پہ ڈال دے ذمہ داری

مشکل حل ہوگی تب ساری

اماں دیکھ آ دیکھ

تیرا منڈا بگڑا جائے

بے بے دیکھ آ دیکھ

تیرا منڈا بگڑا جائے

***

گانا نمبر : ۱۲

نغمہ : املی کا بوٹا، بیری کا پیڑ

فلم : سوداگر (۱۹۹۱ء)

نغمہ نگار : آنند بخشی

گلوکار : محمد عزیز، سدیش بھونسلے

موسیقار : لکشمی کانت پیارے لال

اداکار : دلیپ کمار، راجکمار، منیشا کوئرالہ، وویک مشران

بیرو چل راجو، ہے
تارا تن تنک تنک
بوم بوم رے، تنک تنک
املی کا بوٹا، بیری کا پیڑ
املی کھٹی میٹھے بیر
اس جنگل میں ہم دو شیر
چل گھر جلدی ہو گئی دیر
جس دن سے تو روٹھ گیا

تیری قسم دل ٹوٹ گیا

نجانے کب رات ہوئی

نجانے کب سویر

املی کا بوٹا، بیری کا پیڑ

املی کھٹی میٹھے بیر

رونق پیار کے نام کی ہے

یہ دولت کس کام کی ہے

تیرے بنا ہیرے موتی

لگتے ہیں مٹی کے ڈھیر

میں کچھ بھی کر جاؤں گا

تیرے لیے مر جاؤں گا

میرے لیے تو اتنا کر

گیت وہی بچپن کا چھیڑ

تنک تنک تن تارا

***

گانا نمبر : ۱۳

نغمہ : کیا ہوا، لویریا ہوا

فلم : راجو بن گیا جنٹلمین (۱۹۹۲ء)

نغمہ نگار : دیو کوہلی

گلوکار : کمار سانو، جولی مکرجی، الکا یاگنک

موسیقار : جتن للت

اداکار : شاہ رخ خان، جوہی چاؤلہ، نانا پاٹیکر

کیا ہوا، یہ اسے کیا ہوا

ارے دوستو، اسے کیا ہوا

کیا ہوا اسے کیا ہوا

دوستو اسے کیا ہوا

اس کا تو بج گیا باجہ

یہ کیا ہوا یہ کیا ہوا

ارے بھائی یہ کیا ہوا

سردی کھانسی نہ ملیریا ہوا

یہ گیا یارو اس کو
لَو لَو لَو

لویریا ہوا، لویریا ہوا، لویریا ہوا
سردی کھانسی نہ ملیریا ہوا
میں گیا یارو مجھ کو
لویریا ہوا، لویریا ہوا، لویریا ہوا
اس کے محلے میں جا کر
ڈھونڈو دل میرا کھو گیا
کٹتی نہیں اب تو راتیں
ہائے جانے کیا مجھ کو ہو گیا
جاگوں سویا سویا رہوں کھویا کھویا
کام کرتی دوا نہ دعا
لویریا ہوا
اٹھنے لگیں میرے بھی دل میں اب تو
جانے کیسی امنگیں
پگلی کہے کوئی مجھ کو دیوانی

کیسی ہیں یہ ترنگیں
کبھی تارے گنوں، کبھی سپنے بنوں
اب تو اس دل کا مالک خدا
لویریا ہوا
ڈاکٹر پریشاں ہیں سارے
جھک حکیموں نے ماری
بڑھتی ہی جاتی ہے ہر دن
کیسی ہے یہ بیماری
مرض جاتا نہیں، چین آتا نہیں
کام کرتی دوا نہ دعا
لَو لَو لَو لَو
لویریا ہوا

***

گانا نمبر : ۱۴

نغمہ : کبھی تو چھلیا لگتا ہے

فلم : پتھر کے پھول (۱۹۹۱ء)

نغمہ نگار : رویندر راول

گلوکار : لتا منگیشکر، ایس پی بالاسبرانیم

موسیقار : رام لکشمن

اداکار : سلمان خان، روینہ ٹنڈن

کبھی تو چھلیا لگتا ہے، کبھی دیوانہ لگتا ہے
کبھی اناڑی لگتا ہے، کبھی آوارہ لگتا ہے
تو جو اچھا سمجھے یہ تجھ پہ چھوڑا ہے
تجھ سے جیون بھر کا یہ ناتا جوڑا ہے
کبھی تو نوری لگتی ہے، کبھی تو جولی لگتی ہے
کبھی تو چاندنی لگتی ہے، کبھی تو پاپی لگتی ہے
تو جو اچھا سمجھے یہ تجھ پہ چھوڑا ہے
تجھ سے جیون بھر کا یہ ناتا جوڑا ہے

تیرے میرے بیچ میں دیوار نہ ہو کوئی
میں انتقام لوں گا، دشمن ہو جو کوئی
ہے نیا زمانہ، ہتھکڑی لگے گی
بھڑکیں گے وہ شعلے تو دنیا جلے گی
کبھی تو جگنو لگتا ہے، کبھی تو جنگلی لگتا ہے
کبھی فنتوش لگتا ہے، کبھی تو آزاد لگتا ہے
تو جو اچھا سمجھے یہ تجھ پہ چھوڑا ہے
تجھ سے جیون بھر کا یہ ناتا جوڑا ہے
اک دوجے کے لیے قربانی ہم دیں گے
ہم تو پاگل پریمی بندھن توڑ دیں گے
ندیا کے پار ہے پیار کی منزل
میں نے پیار کیا ہے ہے، گائیں گے یہ دو دل
کبھی تو شبنم لگتی ہے، کبھی چنگاری لگتی ہے
کبھی ناگن لگتی ہے، کبھی جوگن لگتی ہے
تو جو اچھا سمجھے یہ تجھ پہ چھوڑا ہے
تجھ سے جیون بھر کا یہ ناتا جوڑا ہے

آئی ملن کی بیلا، گائے دل ترانہ
دور گگن کی چھاؤں میں، بنائیں آشیانہ
ہوگی کل کی داستاں اپنا دوستانہ
ہم سے بڑھ کر کون ہے، ہم سے ہے زمانہ
کبھی تو لیڈر لگتا ہے، کبھی تو لوفر لگتا ہے
کبھی تو ہیرو لگتا ہے، کبھی تو جوکر لگتا ہے
تو جو اچھا سمجھے یہ تجھ پہ چھوڑا ہے
تجھ سے جیون بھر کا یہ ناتا جوڑا ہے

***

فہرست

منتخب مزاحیہ نغموں کا ایک اور مجموعہ

گیت گاتا چل

(مزاحیہ اور بچپن کے فلمی نغمے)

(۱۹۵۰ء تا ۱۹۹۰ء کی دہائی)

مرتبہ : مکرم نیاز

بین الاقوامی ایڈیشن منظر عام پر آچکا ہے